AF599928

LA SILLA

Un drama sobre inmovilidades diversas

ROBERTO TERÁN SÁNCHEZ

Aliarediciones

© Roberto Terán Sánchez
© La silla
© ALIAR 2015 Ediciones S.L.

Corrección: Eladia Guerrero
Diseño de cubierta: Jaime Galisteo
© Fotografía del autor: Jairo Vargas
Maquetación: Aliar Ediciones

Depósito Legal: GR 1800-2024
ISBN: 979-13-87590-30-7

Impreso en España

Edita
ALIAR Ediciones
www.aliarediciones.es
info@aliarediciones.es

La reproducción total o parcial de este libro, por cualquier medio, no autorizada por los autores y editores, viola los derechos reservados y las leyes sobre la propiedad intelectual.
Cualquier utilización debe ser previamente autorizada.

LA SILLA

Un drama sobre inmovilidades diversas

ROBERTO TERÁN SÁNCHEZ

Recomiendo imaginar en la lectura el juego y las posibilidades que ofrece tener un actor y dos actrices. Entre ellos harán todos los personajes, bien al modo de narrador en escena, bien en primera persona. Los personajes (todos, incluido Mario) deben ser versátiles y pasar con naturalidad y fluidez del modo real conversacional al metafórico narrativo, y servir de auxilio en escena cuando así se requiera. Por ejemplo, cuando Elisa y Maite comparten escena con La Encallada, Mario puede hacer de cuerva desde el mismo personaje de Mario.

Escena 1

HABÍA UNA VEZ UN CIRCO

(En escena una habitación de hospital con una sola cama. Clara rasga el sobre de una carta que nunca ha sido abierta antes. Lee en voz alta).

Clara – Mallorca, 17 de enero de 2011

Mi querida Clara:

Estos últimos días he imaginado muchas veces cómo hacerte llegar estas palabras. Hasta he pensado en volar personalmente hasta Madrid y presentarme delante tuya y decirte *Clara, te he escrito una carta*; y, en mi imaginación, tú siempre respondes *Hijo de puta*. Y no te faltaría razón. La forma en la que te abandoné fue lo más miserable que he hecho nunca. En mi conversación imaginaria tengo la respuesta perfecta para ti: *En realidad no sabes casi nada de mi vida. Toma, lee.* Y te daría estos folios. Pero el Mario cobarde se impone de nuevo y al final he decidido que lo mejor será que la carta siga su camino postal pese a que nadie puede confirmarme que vivas en el mismo sitio, en aquel piso increíble heredado de tu familia donde fuimos tan felices, rodeados de montañas de libros, páginas con anuncios de revistas colgados de las paredes con chinchetas de cabezas coloreadas, tus cosas y las mías compartiendo unos pocos cajones, aquel colchón viejito que era como una isla paradisíaca en el medio del mar salado, como el sabor de tu piel en verano después de bañarnos en el mar. Lo primero que quiero escribirte es que soy consciente de que nunca voy a encontrar esa felicidad de nuevo. Nada será comparable con lo que hubo entre tú y yo. De manera voluntaria vivo alejado de cualquier contacto social innecesario. La pena y el remordimiento no son tan malas compañías. Tampoco merezco nada mucho mejor.

No quiero que parezca una justificación barata, pero tienes que reconocerme que huir es muy difícil. Es tan complicado deshacerte de las ataduras como lo es evitar las nuevas que se puedan ir creando. Es una mierda. Y escribir sobre uno mismo también, a pesar de que esté haciéndolo en este mismo instante. Llevo años queriendo olvidar lo que hice y ahora te hago llegar una carta en plan biografía para suplicarte que me perdones. Fui un cobarde en el único momento de mi vida en el que no debería haberlo sido. Cómo hacerte saber que a todas las personas a las que he amado les han sucedido cosas horribles. Yo no estaba preparado para perderte, para que te pasara alguna desgracia. Mi afán con esta carta es hablarte una vez más y contarte y decirte y hasta, probablemente, despedirme. Estas son las cosas que tienen hacer mal las cosas.

Aquí va mi verdad, intentando acercarme lo mejor que puedo a cómo recuerdo que te gustaba que estuviera escrita la literatura, aunque sea epistolar: verdades y mentiras mezcladas en una ficción algo confusa que sirva de metáfora un poco tensada al límite y se termine haciendo irreconocible una cosa de la otra. Imágenes, escenas y figuras literarias para ocultar realidades que duelen demasiado para ser narradas tal y como sucedieron.

Aquí va la primera: De dónde vengo.

Esto nunca te lo había contado, pero yo nací en la cuneta de una carretera nacional junto a un Seat 132 Supermirafiori recién estrenado, con la baca cargada de cajas, maletas y artilugios circenses. Vivíamos en un poblado que ya no existe, rodeado de un bosque del que ya no debe quedar nada. No me vas a creer, pero mi familia estaba formada por un domador de fieras, una madre forzuda y varios hermanos acróbatas y payasos. La temporada justo había terminado unos días atrás y todos iban de vuelta a casa cuando llegué de esta forma precipitada al mundo.

Tengo que escribir a ratos porque cuando llevo un rato siento frío en los dedos. Esta isla vive en un invernal letargo continuo, en un bostezo pegadizo como la propia humedad. Aquí, uno se siente más pesado.

(Sale Clara).

Escena 2

PURÉ DE GUISANTES

En el escenario la misma cama de hospital, una silla de ruedas sobre la que hace su vida Mario. Él está en la cama, sentado al filo mientras le sostiene el cuerpo la Enfermera 1 en un equilibrio precario. Debe estar vestido como si le hubieran puesto la ropa de otro, todo un poco grande y con prendas algo desfasadas para su edad. Las enfermeras llevan atuendos de trabajo. Elisa y Maite vestirán según su personalidad, siempre de calle. Hablan en torno a él y de él, muy pocas veces con él. La enfermera 1 y la Cuerva (responsable de planta) lo sientan como pueden en su silla y comienzan a cambiar las sábanas de la cama de Mario. Hay una bandeja con comida.

Enfermera 1: ¿Se sabe algo de las nóminas de este mes? Estamos a día diez.

Cuerva: Pues sé lo mismo que tú. De momento, naranjas de la China. Que si no llegan los fondos nuevos, que si está por entrar una subvención...

Enfermera 1: Vamos, que vivamos del aire.

Cuerva: Yo imagino que ya debe estar al caer. Con los despidos del mes pasado se supone que iban a dejar de tener retrasos.

Enfermera 1: A mí todo esto me huele a chamusquina. No damos abasto y encima seguimos con los mismos problemas para cobrar. Esto es un sindiós.

Cuerva: Pues yo ya no sé a quién van a despedir más, la verdad. Del departamento de seguridad han despedido a más de la mitad. Y de mantenimiento han dejado solamente a uno.

Enfermera 1: Ya te digo yo que soy la siguiente en la lista.

Cuerva: Anda ya, no digas sandeces. Si te hubieran querido despedir ya lo habrían hecho.

Enfermera 1: El negocio es redondo para ellos. Como no protesto me tienen trabajando por tres y encima cobro poco, tarde y mal.

Cuerva: No les protestarás a ellos, pero a mí me tienes la cabeza como un bombo. La verdad es que este sitio lleva una deriva que veremos a ver.

Enfermera 1: Cualquier día pido la baja voluntaria y me voy a limpiar escaleras por horas otra vez. El reventón es el mismo, pero por lo menos me llevo el jornal cada día en el bolsillo.

Cuerva: ¿Y qué haría yo sin ti?

Enfermera 1: Te puedes venir conmigo a limpiar portales.

Cuerva: Anda, déjate ya de tonterías y ayúdame con Mario.

Enfermera 1: ¿Y a qué hora dices que vienen las nuevas?

Cuerva: A las cinco y cuarto. Vienen recomendadas. Maite Martín y Elisa nosequé.

Enfermera 1: ¿Y qué hacemos con ellas?

Cuerva: Pues lo que dice el programa, asignarles uno y que nos dejen tranquilas.

Enfermera 1: De verdad que ya no saben cómo complicarnos la vida. A ver estas cuánto aguantan.

Cuerva: Chica, ya sabes el lema de la empresa: Todo sea por la subvención. Sin programa de ocio se quedan a dos velas.

Enfermera 1: Además, si ya hay más voluntarios que usuarios y enfermeras juntos. No cabemos. Ahora, eso sí, con el hambre que voy a pasar si esto sigue así se me va a quedar un tipín... Que digo yo, desde mi ignorancia, que ya podían pedir más dinero para contratar a profesionales y menos para chorradas de excursiones. Que todos estos van más al cine y por ahí de paseo que yo con mi marido. Mira este, como no está muy católico, al pobre ni salir le dejan. Este ve un cementerio y se le hace la boca agua.

Cuerva: No seas bruta, niña. Y ya que lo dices, cierra esa ventana, a ver si se nos va a poner malo. La verdad es que tienen tela de tontunas. Y al final ¿para qué? Te digo yo que ya no saben qué inventarse. A todas les dicen lo mismo: que si los cartelitos, que si la música clásica, que si leerles cuentos, que si sacarlos a que se diviertan...

Enfermera 1: Yo entiendo que todo el día aquí metidos no pueden estar, pero coño, es que no paran.

Cuerva: ¿Al final qué es lo que agradecen de verdad? Tener la barriga llena y el culo limpio. ¡Hasta confeti tuve que barrer el otro día!

Enfermera 1: Ya no saben qué inventar.

Cuerva: *(Bajando la voz a un tono de confidencia).* Y estas dos que vienen hoy son unas enchufadas por imposición de la directora de ocio. Las han colado de última hora. Según he oído por ahí se ve que a una, la tal Maite, la quieren tener entretenida porque es una buena pieza. Yo misma vi a la madre salir llorando de Dirección para que la admitiéramos. Igual forma parte de un programa de rehabilitación, a saber. Y la otra no sé, supongo que se aburrirá en casa y conocerá a la idiota de ocio por las clases de pilates o algo así. *(Vuelve a un tono normal).* La cosa es que nos las tenemos que comer con patatas.

Enfermera 1: Bueno, pues para este. *(Señala a Mario).* Este no tiene perrito que le ladre. Como es tan aburrido el pobre.

Cuerva: Pues no te creas que sería mala idea. Desde luego iban a estorbar poco. Tira de ese lado de la sábana. *(A Mario).* ¿A que te aburres mucho tú?

Enfermera 1: Yo lo que no pienso es andar toda la tarde detrás de dos que no tienen ni idea, que bastante tenemos ya con lo que llevamos.

Cuerva: Pues, chica, qué le vamos a hacer. Por hacer eso cobras.

Enfermera 1: Cuando cobro. Estoy muy harta, hasta el mismísimo. Además, que llego luego reventada a casa y me toca ponerme con lo de allí. La espalda me está matando. Empiezo a estar muy cansada. Necesito darle a mi vida un giro de 360 grados.

Cuerva: Cuidado, que como des un giro tan grande al final te quedas en el mismo sitio.

Enfermera 1: ¿Cómo?

Cuerva: Nada, que deberías alegrarte de comer en casa y no tener que tragarte esto. *(Señalando a la bandeja).* Este sitio va cada vez a peor. El día que venga una inspección veremos si seguimos abiertos.

Enfermera 1: Pues, chica, a lo mejor preferiría comer esta ponzoña a tener que cocinar todos los días, porque esa es otra, al final entre pitos y flautas no para una nunca. Y luego está mi marido, que es un puñetero inútil y no es capaz de mover ni un dedo en casa.

(En un giro un poco alterado de brazos, la Enfermera 1 tira la bandeja con comida, manchando de pies a cabeza a Mario).

Cuerva: Pero, chica, ¿qué te ha dado? Cómo lo has puesto todo. Hazte mirar esto tuyo porque empiezas a preocuparme.

Enfermera 1: Lo siento, ha sido sin querer. Lo recojo en un momento. Qué torpe he sido.

Cuerva: Anda, deja eso y ayúdame a cambiarlo. ¡Cómo lo has puesto de puré de guisantes! De verdad que creo que tú no estás muy bien de la cabeza.

Enfermera 1: Perdón, perdón. Ha sido un accidente. Es que estos días ando de los nervios.

(Van vistiendo a Mario con una nueva muda mientras hablan. Sus movimientos son mecánicos).

Cuerva: Bueno, no pasa nada. Y mira, ¿sabes qué te digo? Que llevas razón con lo de las nuevas. A estas le damos a Mario y que se entretengan un rato, que es lo que vienen buscando, así nos dejan tranquilas.

Enfermera 1: Y si no, que se compren un mono que les haga monerías un par de horas por semana.

Cuerva: *(A Mario).* Y tú pórtate bien, que hay que dejarte muy guapo porque hoy es martes y vas a recibir visitas. ¿Me estás oyendo? Visitas, sí. Hoy tienes visitas. Y ya todos los martes hasta que se cansen y nos dejen tranquilas. Eso es.

Enfermera 1: Este no se entera de un pimiento, te lo digo yo.

Cuerva: Yo qué sé. La verdad es que por lo menos es silencioso. Aunque yo creo que debe tener bastante mal genio.

No veas cómo se le inyectan los ojos cuando no quiere meterse en la cama. Este tuvo que gastar una mala leche...

Enfermera 1: Menuda pieza debió de ser.

(Ruidos en extraescena).

Cuerva: ¿Qué alboroto es ese?

Enfermera 1: Debe ser Carmina otra vez con el ataque. Ya van tres hoy.

Cuerva: *(A Mario).* Ay, si todos fueran tan silenciosos como tú, alma de cántaro. Anda, muchacha, ve a ver qué pasa. Ya acabo yo aquí.

(Enfermera 1 sale de escena).

Cuerva: Si no te pasaras babeando todo el puto día, pienso que hasta te envidiaría un poco. Ahí, sin preocupaciones, sin pensar en nada, vacío. ¿Qué se te pasará a ti todo el puñetero día por la cabeza, con esa expresión de vaca mirando a la nada? Si por lo menos te pusieran una tele o algo... En fin, pobre hombre. Tú y yo sabemos que lo mejor que podría pasar es que Dios te recogiera ya.

(Se santigua y sale).

Escena 3

EN LA MENTE

Mario: A veces imagino que voy a echar a andar de nuevo. Plantar poco a poco los pies descalzos en las baldosas frías. Sentir entre los dedos la humedad acumulada durante la noche. Recrearme en las líneas que separan las losas.

Impulso.

Permanezco de pie unos instantes, lucho contra la gravedad con una cierta inestabilidad al principio. Adelantar una pierna y después la otra. Mover los brazos de una forma acompasada y avanzar unos metros.

Parar de nuevo.

Por último volver a cámara lenta, deshacer los movimientos y ser consciente de que no me he movido ni un centímetro de esta silla.

(Al público).

Durante mucho tiempo he querido morir. Ahora ya me da igual. Oigo fechas y veo pasar estaciones. Han pasado diez años o un milenio completo y yo sigo vivo. Duermo a ratos. A veces me quedo dormido y yo también pienso que estaría bien no despertar nunca.

En mi duermevela imagino discursos como este y os recreo como el auditorio que nunca tendré. Siempre estaremos dentro de esta caja negra, lo siento por vosotros. Llevo muy mal estar encerrado, por eso os necesito. Este monólogo interior constante a veces me vuelve un poco loco. Por eso estáis aquí. Sois los únicos testigos de que mi hilo interno no tiene nada que ver con los balbuceos aleatorios que salen de mi boca cuando estoy despierto. Pero, claro, saber esto no me sirve de nada si no lo comprende el que está enfrente.

A veces me gustaría quedarme dormido y no despertar nunca. Esto pasa, sobre todo, cuando me aburro de tanto mirar las cuatro paredes de esta habitación que nunca cambia. Los pies de la cama articulada, una pequeña estantería y el pasteloso cuadro abstracto. La esquina y otra pared. Una ventana desde la que solo se ve un pequeño trozo de cielo. Otra esquina. Otra pared con una puerta.

¿Os cuento algo? En su momento me acostumbré al dolor con cierta facilidad. También fue sencillo, por razones evidentes, aceptar que hicieran conmigo lo que les diera la gana. Cuando solo puedes protestar en tu mente tienes que elegir cuidadosamente qué batallas enfrentas. Pero la gran guerra fue hace mucho. Ahora me paso las horas soñando despierto.

Me enfado a menudo. Esto que quede entre nosotros; la verdad es que me encantaría poder romper algo frágil contra la pared. Más frágil que yo, quiero decir. O dar patadas a un mueble. Reventar platos contra el suelo. Tirar mi silla por la ventana.

Es verdad que, a estas alturas de mi infinita no-vida, ya ni recuerdo la mayor parte de las cosas que formaban mi rutina de antes. Pero hay pequeños impulsos que me vienen a la cabeza. Como recoger algo que se acaba de caer al suelo o levantarme para buscar un cigarrillo.

Cuando me canso de estar despierto, duermo.

Mientras estoy despierto solo puedo pensar. Mi especialidad ahora es perder la mirada en un punto fijo hasta que todo se hace borroso...

(Track 1 cañero. Entran las enfermeras y él está ya en la silla. Desde ahí se deja hacer la coreografía mientras nos cuenta).

Estar despierto es complicado. Las referencias temporales se basan en detalles sutiles y muy elásticos. Por ejemplo: *(pausa track a capón)* a la enfermera se le cayó la bandeja. Eso es un hecho real y, en general, no habría sabido decir si pasó ayer, hace tres meses o un año. *(Continúa track).* La bandeja cayó con mucho estrépito. Tuvieron que cambiarme porque estaba totalmente bañado por puré. Y después de vestirme con una muda limpia, la Cuerva (así llaman a la jefa las otras enfermeras) me repitió un par de veces: «Tienes que estar guapo porque hoy es martes. Tienes que estar guapo porque hoy es martes y tienes visita».

(Pausa track a capón. Salen las enfermeras).

Mario: Yo no recibo visitas. *(Continúa la música).* Ni ayer, ni hace tres meses ni nunca. Así que martes. Y visita. No me gusta ponerme nervioso. Me provoca espasmos y eso hace que se me descoloque la ropa, creando arrugas que luego me incomodan. Me sereno. Debo serenarme porque nadie me asegura que quien quiera que sea vaya a llegar dentro de una hora. O cinco. Nada me asegura que La Encallada no quisiera decir otra cosa. Es probable que no venga nadie. ¿Quién va a venir? Como no sea alguna antigua enfermera. Pero tampoco, ¿qué iban a querer de mí? La única persona que podría haberme buscado alguna vez es... Pero no puede ser. Y me asalta la peor de mis pesadillas. ¿Y si viniera Clara? Verla aparecer con la misma imagen que guardo de ella. O mejor aún, tantos años después, envejecida; un poco dificultosa la comparación de las dos Claras al principio. Se sentaría frente a mí y supongo que se echaría a llorar.

No quiero que venga Clara.

(Fuera track).

Primero se han escuchado los graznidos de Cuerva estridente *(Mario adopta el personaje de la Cuerva, la silla se convierte en Mario)* y luego ha aparecido con dos jóvenes muy tímidas *(entran Maite y Elisa)*. La Cuerva no me mira en ningún momento; se detiene entre ellas y yo, me da la espalda, ese tipo de cosas que me revientan de ella. Sé que habla de mí, de mis cosas, pero no conmigo. «Bueno, chicas, os presento a Mario. Nosotras lo queremos mucho, pero tengo que deciros que es un usuario un tanto peculiar. Como veis, Mario tiene una parálisis general severa provocada por un accidente». Las dos muchachas siguen de pie y en silencio mientras esta grazna sin parar. «Estoy segura de que sois las candidatas perfectas para aplicar el programa. Yo andaré un poco liada, pero sé que la directora de ocio ya os ha dado las nociones imprescindibles para empezar a funcionar. Luego os presento al resto de voluntarios». Por fin la vieja Cuerva se va. Las dos chicas se sientan.

(Mario se sienta en su silla).

Ahora hay silencio.

Ahora nos miramos los tres.

Elisa es hermosa, morena, con unos abrazos maternales que son capaces de abarcarlo todo, cosa que después hará bastante a menudo. A mí no me desagrada que me abrace. Maite es menos cariñosa, o lo es de otra manera. Está delgada como una espiga y es nerviosa. Una vez, en el futuro, se cambiará de ropa en mi habitación, delante de mí. Lo hará como si yo no estuviera o como si fuera un mueble más. Tiene unos pequeños pechos y lleva un sujetador de deporte. Echo de menos mi sexo, aunque con ellas dos cerca recuperaré una cierta sensualidad incorpórea, a lo mejor un recuerdo de lo que era la excitación. Tengo ganas de poder tener deseo.

Elisa: ¿Quién será esa directora de ocio?

Maite: Es la primera vez que vengo a este sitio. No conozco a nadie.

Elisa: Ni yo.

Mario: Cierto, volvamos a aquel momento, la primera visita. Allí estaban frente a mí, cuando aún no había probado los abrazos de Elisa ni sabía que Maite usa sujetadores deportivos. Ellas en sus sillas plegables y yo en mi silla de ruedas.

El silencio empieza a volverse incómodo. Me veo en la obligación de hacer la tentativa de iniciar una conversación al azar, hablar del tiempo, no sé, de cualquier cosa. *(Lanza un gemido, corto, grave).* Ellas no me entienden. *(Las chicas se miran).* Repito, intento alzar la voz. *(Otro gemido más agudo pero más o menos al mismo volumen).* Al final grito todo lo fuerte que puedo y espero sus reacciones. Me duele la garganta. Miro a una y a otra. Otra vez, a una y a otra. Una vez más. No sé bien cómo ha debido de oírseme desde el otro lado. Ellas continúan con los labios pegados, pálidas, perturbadas. Se revuelven como si sus sillas se fueran calentando cada vez más. No se miran. Siguen sin decir nada.

Maite: ¿De verdad te vas a echar a llorar? No me lo puedo creer.

Elisa: Déjame un momento, por favor. Perdona, pero es que si hablo todo esto que me sube me hace llorar más todavía y es peor. ¿Ves? Ahora no puedo parar. Un momento, por favor.

Mario: En este momento tengo la sensación de ser yo quien viene a visitarlas a ellas; los dos vegetalitos sociales sentados frente a mí. Último intento de comunicación por hoy. *(Se prepara para hacer el gemido definitivo).* No es fácil, hay que hacer un gran esfuerzo para controlar la salida del aire desde la garganta, hay que modular para que no termine equivocadamente de forma interrogativa o demasiado enfadado. *(Lanza su gemido definitivo al aire. Maite y Elisa no entienden nada).* ¡Hablar con gemidos no es fácil, me cago en Dios! Elisa está a punto de echarse a llorar otra vez, lo veo venir. No llores, por favor. ¿Qué estarán sintiendo? Con movimientos torpes hacen un aparte y...

(Elisa, en el otro extremo de la habitación, llora intentando contenerse sin éxito. Maite por fin arrastra la silla para ponerse en pie y acercarse a ella).

Mario: Vuelven los cuchicheos...

Maite: Mira, esto ya está siendo bastante difícil para que tú no ayudes. No nos conocemos de nada, pero yo tengo que estar aquí dos putashoras a la semana los próximos putoseis meses por putaordenjudicial. *(Elisa se contiene un poco en su llanto).* Además, que no me va el papel de empática.

Elisa: ¿Y qué quieres que hagamos? ¿Le bailamos?

Maite: Yo qué sé. A ver si viene la directora esta de juegos.

Elisa: Es la directora de ocio.

Maite: Como si es la directora de parques de atracciones, me da igual. Ella es la que nos tiene que decir cómo hacer esto.

Elisa: Creo que me he equivocado. Esto no es para mí. Yo quiero ayudar, pero a él... ¿Cómo?

Maite: De momento, yo creo que no montando dramas delante suya.

Elisa: ¿Y si buscamos a la directora?

Maite: A este lo mismo le va a dar si nos vamos o nos quedamos. ¿Tú crees que entenderá algo? Igual es subnormal o algo así...

Elisa: No digas esas cosas, por amor de Dios.

(Salen Maite y Elisa).

Mario: Supongo que sintieron algo putoparecido a una frustrante confusión. Después me dedico a esperar un buen rato hasta que me doy cuenta de que es el momento de ir tomando conciencia de que no van a volver.

Me distraigo con cualquier cosa, para mí eso es fácil, y las dos chicas pasan a formar parte de la nebulosa que se me forma en la cabeza cuando entro en ese letargo que hay entre el sueño y la vigilia.

En estos ratos tengo conciencia de mi cuerpo de una forma diferente; como si tuviera un muerto pegado a la chepa, como si me lo hubieran echado encima. Me inmoviliza una fuerza ajena a mi propio cuerpo. También sé que si me despierto en este preciso instante el muerto seguirá ahí.

(Para. Silencio reflexivo. Cambio de ritmo).

Ese día no, pero ellas volvieron muchos martes. ¿Que cuál es la diferencia entre las chicas y las enfermeras que me atienden? Supongo que la inexperiencia. Ese no saber muy bien qué hacer conmigo. Tienen que reinventar en cada momento cómo afrontar mi asunto. Pienso en cuánta fuerza de voluntad se precisa para volver a esta habitación cada semana y restarle al tiempo un poco de sus vidas. Como ya dije antes, volvieron aquella vez *(entran Elisa y Maite, se vuelven a sentar en sus respectivas sillas, ajenas a todo),* claro que volvieron y siguen viniendo hoy en día. Me gustaría volver a conversar. Me gustaría poder hablar con ellas, hacer que se rían, decirles cosas bonitas. No ser un mueble de los cojones. Recordar es una mierda...

(Elisa se levanta y trae a proscenio una radio).

De últimas han traído una pequeña radio a pilas *(lo levantan ingrávido y lo preparan para el baile)* y a ratos sintonizan emisoras musicales. Buscan en el dial hasta que dan con algún tema alegre, algo que les guste. *(Comienza la coreografía con Mario como eje central, marioneta sin hilos.)* En alguna ocasión han bailado, se han dejado llevar por las ganas de entretenerme o por el aburrimiento que les causo y han improvisado un baile conmigo, tirando de mis brazos y moviendo mi silla de ruedas al son de algún horrible tema pop de moda. Visto desde fuera debe resultar bastante patético, opino yo. Como bailar con un saco de arena. Me consuela pensar que lo patético a menudo es cómico y sé que ellas se ríen sinceramente. Es una alegría sana. No me importa que me utilicen como les venga a su antojo, que se metan conmigo de vez en cuando. Elisa y Maite, las titiriteras que manejan con soltura el viejo muñeco roto.

(Dejan al títere en su silla y salen).

Sesiones vespertinas los martes en el horario del programa de ocio. ¡No se lo pierdan!

(Fuera track).

(Hay un silencio que cala profundo. Hay un escenario vacío. Está Mario, que toma conciencia de que, al final, siempre está solo).

Escena 4

INCENDIO

(Sale Clara. Mario escucha, por primera vez, su propia carta leída por ella).

Clara: Intento poner orden en mis recuerdos para dejarte una idea clara, lo que nunca hice cuando nos pasábamos los días y las noches charlando frente a frente o el uno anudado al otro. Qué difícil es, carajo. Nunca me había parado a pensar en lo complicado que es escribir sobre nosotros. ¿Cuántas palabras necesito para hacerte comprender qué me pasó? ¿Cuál es la cantidad idónea de conjunciones, de comas, adjetivos, de puntos y seguido o aparte que siquiera resuman los oscuros pensamientos que me hicieron darme cuenta de que nunca llegaría a ser la persona que tú necesitabas? Nos unían muchas cosas, pero unas pocas nos separaban con una fuerza centrípeta tan destructiva que terminó por impulsarme fuera, muy lejos, tan lejos que nunca más hemos vuelto a abrazarnos.

Llevo días escribiendo esta carta. Hago borrones y la paso a limpio. A veces te escribo como cuando paseábamos de madrugada, intentando no evitar ningún callejón oscuro, ni las conversaciones procaces con los quinquis, ni la última ginebra si distinguíamos un neón encendido a deshora. Otras veces te escribo como si realmente te esperara inmóvil como una inmensa piedra de granito, y tú que nunca llegas, como si un monólogo fuera lo habitual en momentos de desesperación, como en una mala obra de teatro.

Ya no leo nada que no haya leído antes. Ya no bebo alcohol ni tomo drogas para estar despierto o para quedarme dormido. Perdona mi dispersión, quiero centrarme en lo que nunca te conté porque me gustaría seguir haciéndote parte de mis recuerdos sobre la aldea. Conformemos un cuadro. Rutina rural. Olor a café de puchero. Tranquilidad sensible. Esparcimiento. Aprender de los mayores mirándolos con ojos atentos. El olor de la tierra al ser labrada. Probarla, reconocer matices en el sabor del campo trabajado. A veces venían invitados nómadas que se quedaban una, quizás dos noches. Alegría, cantes en torno a una hoguera. Los perros que ladraban manteniéndose justo en el corte entre la luz y la oscuridad. Las niñas de la aldea que me llevaban y me traían como el más valioso de sus juguetes, mejor todavía que los gatitos o los pollitos recién nacidos. Después de todo yo era más indefenso y dependiente y ellos se morían con mucha facilidad. Mi olor a bebé las embaucaba; se repartían las horas para llevarme en volandas de un lugar a otro de la aldea. Mis hermanos practicando malabares, gags cómicos con piruetas, el olor de la lluvia antes de que llegue, la sensación del agua corriendo por mi cuerpo. Mi padre siempre de viaje. Mi madre aferrada a una botella de vodka.

Mario: Cuando mi padre volvía a casa, él y mi madre se peleaban. Formaba parte de la rutina. Todo degeneraba en violencia. Mi padre le rompía cualquier cosa a mi madre en la cabeza o le daba un latigazo con su correa y luego ella le pegaba una paliza hasta dejarlo molido, desmayado, probablemente algún hueso roto, o un diente en el mejor de los casos. Luego venían las largas convalecencias de mi padre. Semanas encerrado en su habitación sin querer ver a nadie, acumulando platos vacíos debajo de la cama. A poco que se recuperaba se volvía a marchar.

Clara: Se peleaban algunas veces y otras follaban durante horas. Yo los oía desde la habitación contigua, mi padre siendo objeto de la extrema fuerza y el extremo odio de una madre ebria.

Mario: Esto tienes que creértelo, Clara.

Clara: Esto tienes que creértelo, Clara. Es mi infancia, lo que me queda de ella después de años inventándomela. Es verdad que mucho después os engañé a todos. Pero en esto no te miento. Te mentí cuando nos conocimos en la universidad, por ejemplo. Yo nunca estuve matriculado. Había descubierto un universo tan diferente al mío, un entorno que no era hostil. Quería pertenecer a ese mundo. Me presentaba en las aulas, recorría los pasillos del viejo edificio, simulaba hacer gestiones académicas. Frecuentaba los grupos de la cafetería. Pero, sobre todo, me fascinaban los talleres literarios llenos de juventud deseosa de vivir sin renunciar a nada, de explotar y llevárselo todo por delante.

Mario: Tú, por ejemplo. La mejor siempre que estuvieras presente. Te era imposible evitar que todos notaran tu presencia, tu educación perfecta con un ligero toque de impostura. Tu cuerpo deseado por todos los que te rodeaban.

Tu habilidad increíble para redactar, formular historias, escribir poemas, inventar juegos literarios.

Clara: ¿Recuerdas cómo conectamos enseguida? Fue una conexión en la que mis mentiras no importaban. Tú me hacías real. Tú justificabas todo ese mundo falso que me iba echando a las espaldas. Mi simulacro de vida.

En fin, Clara, qué te voy a contar de aquellos años. Tú los viviste en primera persona. Fregar platos en restaurantes de mala muerte. Vivir en agujeros inmundos. No tener dinero nunca. Trapichear con drogas aprovechando mi triple vida. Mi segunda y mi tercera vida luchando la una contra la otra de una forma suicida. Pero vayamos por partes. Supongo que querrás saber qué pasó con mi primera vida. Te lo resumo:

Mi hermana desapareció una noche en la furgoneta desvencijada de unos nómadas que iban de paso. Todos dieron por hecho que se fue voluntariamente. ¿Qué futuro le esperaba en nuestra aldea? Mi madre comenzó a beber cada vez más y mi padre a volver cada vez menos. Mis hermanos formaron un cuarteto de payasos acróbatas y se enrolaron en un circo. Llegó un momento en el que mi madre estaba ya demasiado rota por el alcohol para seguir haciendo cualquier cosa útil. O eso le dijo mi padre la mañana que cargaba el coche para emprender viaje.

Mi madre murió pocos días después.

Así ocurrió. No lloré cuando murió mi madre. Como no lloré ni una sola vez cada día que pasó antes de darme cuenta de que mi padre no iba a volver nunca. Yo tenía tres años. Y hablé por primera vez. Y desde ese momento no dejé de hacerlo. Y era capaz de reconocer las letras y leer con dificultad, pero leer al fin y al cabo. En el poblado me toleraban como al huérfano que era.

Aprendí a entretenerme con un palo y un charco. Aprendí a moverme en el mundo sin llamar demasiado la atención. Aprendí a sobrevivir.

Mario: Y luego pasó lo del incendio.

(Sale Clara).

Escena 5

EL EXTRATERRESTRE

(Va volviendo a la silla a lo largo del siguiente párrafo).

Ahora que solo oigo esta voz interior pienso en cómo sonaba la mía cuando tenía la habilidad del habla. ¿Cómo expresaba las emociones? ¿Recuerdas tu propio timbre? ¿Tu voz era tersa o áspera? La sensación que me da, después de pensarlo mucho, es que mi voz hacia el exterior era un poco más grave que esta voz interior que ahora lo llena todo. O eso creo. La verdad es que ni siquiera sé si recuerdo cómo sonaba mi voz. Además, estoy prácticamente convencido de que me he vuelto un poco duro de oído.

La Cuerva se asoma por el quicio de mi puerta. Grazna algo sin llegar a entrar en la habitación, pero yo ando absorto y no entiendo nada. ¿Qué dices, vieja Cuerva?

Pero ella ya ha desaparecido y yo sigo observando el marco vacío que da a ninguna parte. Ni ganas de que vuelva a aparecer su cara de pan de pueblo. Me encantaría haberle dado un portazo, uno de esos que hacen retumbar las paredes. Pero, en su lugar, la ira empuja mi tracto y... *(Expulsa un pedo. Elisa y Maite están en la puerta).* Sonrío y miro a la puerta otra vez para dedicárselo a la Cuerva y allí están ellas dos de pie, silenciosas. *(Elisa avergonzada. Maite divertida).* Hacen como si no hubiera pasado.

Elisa: ¡Hola, Mario!

Maite: Hola.

Mario: Siguen igual de nerviosas, otra vez tan cortaditas.

Maite: *(Hablando bajito, a Elisa).* ¿Y ahora qué?

Elisa: Pues hacemos eso de presentarnos.

Maite: ¿Otra vez? Pero ¿cuántas veces te quieres presentar?

Elisa: Pues lo de leerle el periódico. O lo de los pictogramas que decían.

Maite: Espera, vamos a preguntarle. Mario, tú qué pre...

Elisa: *(A Maite, por lo bajo).* ¿Tú? Vamos a llamarlo de usted, ¿no?

Maite: ¡Anda ya! Mario, tú qué prefieres, ¿que te leamos el periódico o que juguemos a mirar dibujitos?

Mario: Tengo que concentrarme para saber qué me están contando. Somos como tres que se toman un café en una cafetería y uno de ellos es extraterrestre.

Maite: Qué va, tía. Cero comunicación. Esto no funciona.

Elisa: A lo mejor tiene hambre o necesita que le leamos las noticias. La de cosas de las que no se está enterando. O quizás hay que cambiarle el pañal.

Maite: En principio eso no entra en lo que se habló que teníamos que hacer aquí, que yo recuerde.

Elisa: Si el hombre lo necesita...

Maite: Los cojones treinta y tres.

Mario: ¿Veis? Ya empiezan a ignorarme como al niño de otro cuando ya no hace gracia.

Elisa: Yo qué sé.

Maite: ¿Cómo era esto de la cartulina? Mira, Mariete. Esto es una tabla ouija para bebés.

Mario: Entonces a mí me da la risa. No puedo parar de reírme. De tanto reír me entra una tos tremenda, casi no puedo respirar. Inmediatamente ellas dejan de sonreír y se preocupan, se levantan, me tocan por primera vez desde que nos conocemos. No saben si dar golpes en mi pobre espalda agarrotada. Por fin pasa el ataque de tos. Aprovecho que se han quedado calladas para decirles algo bonito. Sé que no me van a entender, pero estas cosas también se dicen para uno mismo. Les repito: Sois dos ángeles hermosos.

Elisa: ¡Tía, tía! ¿Lo has visto?

Maite: Ha sido como si hablara. Literalmente es como si hubiera dicho algo, ¿no? Parece que está de buen rollo.

Mario: ¿Literalmente? ¿En serio, Maite? Y aunque no han entendido nada, esa forma de Elisa de abrir mucho los ojos... y Maite mostrándose alegre por primera vez...

Maite: A ver, a ver. ¡Mola! Vamos a repetirlo. Enséñale ahora el dibujo del váter. Mario, por favor, repite: «Caganer».

Mario: Lo hago. No con el mismo gracejo que la primera vez, todo hay que decirlo. Me ha quedado demasiado entrecortado.

Elisa: ¡Toma ya!

Maite: La hostia puta, mola. Efectivamente, este carbura un poco.

Elisa: Maite, esa boca delante de Mario.

Maite: Como ese rollo con los ojos y el mugidico signifiquen al final que hay que cambiar pañales ya verás como no te ríes tanto.

Elisa: Yo creo que nos quiere.

Maite: Lo de las figuritas mola.

Elisa: Podríamos empezar uno desde cero con él.

Mario: Ninguna se acerca, desde luego, pero hay un poso de significado en el que sí están acertando, la recompensa al esfuerzo de prestar atención a lo importante.

(Elisa saca un cuaderno grande y escribe en él su nombre).

Elisa: Me llamo E-li-sa.

Mario: Sí, hija, sí. Te llamas Elisa. Así, en mayúsculas, con letra muy redonda y muy grande.

(Maite hace lo propio).

Mario: Tienes una caligrafía horrible. Claro que sé cómo os llamáis. Aun así les doy un poco de bola y digo muy despacio mi nombre y sus caras se iluminan. Sin entender lo que digo, saben a qué me refiero.

Maite: A ti seguro que se te da muy bien lo de recortar cartulinas.

Elisa: ¿Y por qué se me tiene que dar bien recortar cartulinas?

Maite: Pues porque es una actividad muy moñas.

Elisa: Sí, me gusta un montón.

Maite: Ya sabía yo.

Mario: Poco a poco me voy acostumbrando a ellas a lo largo de sesiones y sesiones. *(Elisa y Maite comienzan a arrastrarlo con la silla de ruedas en una nueva coreografía, más lenta. Track. Aprovechan para preparar la siguiente escena).* No es fácil que yo me acostumbre a alguien, que no me aburra después de un rato. Ellas vienen cada semana y me lo revuelven todo, inventan juegos, me hacen participar aunque a mí me dé un poco de vergüenza ajena. Este baile en el que me llevan silla arriba y silla abajo es una novedad, como si al perderme el respeto me aceptaran de alguna manera, y esta es una sensación nueva para mí. Por un rato he formado parte de un grupo. Un mundo extraño, complicado a veces, formado por tres personas más o menos convencidas de que pueden comunicarse. Yo me dejo hacer ese día y todos los demás. ¿Qué otra cosa podría hacer? Cada visita de las chicas es un gran acontecimiento. Y ellas van mejorando la técnica, han perdido timidez a la hora de leerme en voz alta, por ejemplo...

(Paran).

No tengo calendario en mi habitación. ¿Para qué querría yo uno?, habrá pensado alguna lumbrera. Pero puedo calcular que fueron tres, quizás cuatro, los meses que anduvimos en estas payasadas semanales hasta que sucedió lo del lío. *(Continúan).* Y lo del lío empieza con un cuchicheo incesante en el otro extremo de la habitación. Yo observo desde la silla. *(Fin de coreografía. Fuera track).*

Elisa: Que no, Maite.

Maite: Pero piénsalo. ¿Qué daño hacemos con eso? Seguro que lo flipa.

Elisa: Porque está prohibido y tú lo sabes. Fue lo primero que nos dijeron. Mario no puede salir a la calle por sus movidas.

Maite: Yo sé muchas cosas. Cosas del tipo menuda mierda de vida, tía.

Elisa: Si quieres le damos LSD y que lo flipe más todavía.

Maite: A ver, no saquemos esto de quicio. No es una maldad. Es una aventura. ¿Qué puede pasar?

Elisa: ¿Que nos metamos en un lío?

Maite: Joder, menudo lío de mierda. A la cárcel por darle un paseo a un pobre inválido. Qué poca humanidad queda en el mundo, tía.

Elisa: Vale, pongamos que no tiene consecuencias. ¿Cómo piensas hacerlo?

Maite: Pensamos hacerlo, querida. *You and me.*

Mario: Al final Elisa parece que cede porque deja de negar. *(Vuelve el track y empieza una disparatada huida que nunca supera los límites del escenario).* Entonces Maite sale disparada y Elisa empuja la silla de ruedas sin explicarme nada. Cruzamos veloces por los pasillos. Maite va abriendo puertas, confirmando que tenemos vía libre. Tengo una sensación que pasa del vértigo al terror y va desembocando en algo parecido a la diversión de una montaña rusa en un parque de atracciones con temática hospitalaria. Hay una puerta lateral, justo al lado de los tornos. Maite llama al de seguridad, le pide ayuda, lo embauca con tres o cuatro frases cortas. El desgraciado ni se huele el engaño, parece encantado de poder ayudar al pobre minusválido y a las dos desvalidas damiselas.

Y por fin llegamos a la calle.

(Cambio en el ritmo de música).

Hace sol.

Corre un poco de viento frío que me golpea en la cara.

Hay ruido, sobre todo de coches. También ladra un perro que no alcanzo a ver.

Y el olor. Huele a libertad.

Giramos tres veces y damos con un parque. Se ve que no todo es improvisado en este loco plan. Dentro del parque disminuye la velocidad de las cosas. Somos tres fugados que han encontrado un lugar donde resguardarse.

(Las chicas se sientan en un banco, intentan recuperar el aliento).

Maite: La hostia puta. Tengo que dejar de fumar. *(Saca un cigarrillo liado y se lo pone en la boca).*

Elisa: ¡Qué subidón! Creo que es lo más emocionante que he hecho en mi vida.

Maite: ¿De verdad? ¿Esto es lo más emocionante que te ha pasado?

Elisa: Creo que sí.

Maite: Pues hazte mirar eso.

Elisa: Todas no vamos de malotas por la vida. Algunas hemos preferido cumplir con las reglas.

Maite: ¿Las reglas de quién? ¿Las de mi madre? Tendrías que pasar un rato con ella, ibas a saber tú qué es estar tararí corneta. Mira, lo que yo tengo en la cabeza y lo que tienen los que me marcan las reglas son dos cosas diferentes.

Elisa: ¿Por qué te obligan a venir?

Maite: Era esto o el internado.

Elisa: ¿Y te merece la pena ser tan... rebelde?

Maite: No sabes hasta qué punto. Y si quieres puedes llamarme quinqui. No me ofendo. Se ofendería mi madre, pero ya llevo años trabajando en eso de horrorizarla con mis cosas.

(Silencio breve).

Elisa: Me gustaría ser un poco más como tú.

Maite: Y a mi madre que yo fuera como tú. La verdad es que no entiendo cómo puede acabar una en un sitio como este voluntariamente. De Mario lo entiendo porque no tiene más cojones y no puede protestar. ¿Pero tú?

Elisa: En serio. Me apunté a esto porque no sé muy bien qué hacer con mi vida. Los días pasan muy lentos y yo no soy capaz de verme encuadrada en el mundo. No encuentro mi sitio en todo esto que nos rodea.

Maite: ¿Y eso te hace sentir mal? No termino de entenderte del todo.

Elisa: Si yo no soy capaz de ser feliz tiene sentido intentar ayudar para que otros lo sean un poquito más. Y ya ves, luego me encontré con Mario y contigo y ahora creo que es mi rato preferido con diferencia.

Maite: A ti te hace falta un poquito de eme, una música electrónica así potente y unos rocetones. Tú necesitas mambo, querida.

Elisa: No te lo voy a negar. Pero me da mucho miedo. Yo creo que no sirvo para esas cosas.

Maite: Pero un mambo guapo, de darte la vuelta como a un calcetín.

(En ese momento Mario no puede evitar soltar un «yo también quiero» en toda regla. Ambas se miran y ríen a carcajadas).

Mario: Yo me uno a la risa hasta que me entra la tos y ellas dejan de reír para mirarme seriamente. Pero es un ataque ligero, sin espasmos. Vaya cara de acojonadas que se os ha quedado.

(Elisa se quita la chaqueta y me la pone por encima, como una manta. Vuelve a sentarse alejada de Maite).

Elisa: Gracias por ser amable conmigo, Maite. No estoy muy acostumbrada.

(Maite se acerca a Elisa y la abraza cariñosamente. Permanecen sentadas, muy juntas).

Mario: Hay una pausa larga y yo cierro los ojos y disfruto. Ni me acuerdo de cuánto tiempo hacía que no estaba en un parque. Hace un poco de frío y se ve que las chicas no han pensado en esto antes de la fuga alocada. Luego paseamos un poco en silencio. Se escucha el ruido que hacen las ruedas sobre la grava del caminito.

(Elisa saca un libro de poemas. Lee en alto).

Elisa: Quizás mis lentos ojos no verán más el sur / de ligeros paisajes dormidos en el aire / con cuerpos a la sombra de ramas como flores / o huyendo en un galope de caballos furiosos. / El sur es un desierto que llora mientras canta, / y esa voz no se extingue como pájaro muerto; / hacia el mar encamina sus deseos amargos / abriendo un eco débil que vive lentamente. / En el sur tan distante quiero estar confundido. / La lluvia allí no es más que una rosa entreabierta; / su niebla misma ríe, risa blanca en el viento. / Su oscuridad, su luz son bellezas iguales.

Maite: Guau. Qué bonito. Parece que está hablado normal. O sea, normal no. Pero entiendo todas las palabras, y juntas, así dichas, de repente tiene un rollo muy... bonito.

Elisa: ¿Hablado normal?

Maite: Sí, como si lo dijera yo misma. Si fuera capaz de juntar así las palabras, claro.

Elisa: Eso es lo que se espera de un poema.

Maite: ¿Y este chorbo quién es?

Elisa: El autor se llama Luis Cernuda.

Maite: ¿Me lees un poco más?

Mario: Oigo a Elisa recitar. No llego a oír todos los versos, pero solo la sonoridad de la lectura ya me indica que esos poemas me gustan. Yo también soy del sur de alguna parte y mis lentos ojos nunca volverán a verlo. Mi oscuridad y mi luz también son bellezas iguales.

Maite: Qué bien lees, amiga mía.

Elisa: Algún día escribiré esta historia. Mario, tú y yo.

Maite: Sácame guapa.

Elisa: Por supuesto.

Mario: Se ve que ya hemos dado la vuelta completa al pequeño parque y paramos de nuevo junto al mismo banco. Se sientan. Se me ocurre que la piedra debe estar muy fría al tacto.

(Maite ha encendido un cigarrillo de liar).

Mario: Reconozco con dificultad el olor que me llega cuando cambia el viento. Eso no solo lleva tabaco.

(Le ofrece a Elisa y esta niega con la cabeza).

Mario: Cómo echo de menos fumar. Una gota de lluvia me cae en la frente, otra en la nariz. Y empieza a llover con fuerza. *(Comienza una nueva coreografía. Track).* La vuelta es alocada, peligrosa. Sigue lloviendo y ellas corren tirando de la silla sobre charcos y barro, entre los coches que esperan en los semáforos. *(Le ponen una bolsa de plástico en la cabeza y empieza un retorno lacónico, lento).* Yo quería sentir el frío en mi cuerpo y la lluvia en mi cara y ellas no paraban de arroparme. ¡Esperad! Allí solo me esperan otra vez las cuatro paredes y la temperatura artificial de la habitación. Dejadme un rato en la calle. Aquí solo hay las mismas puertas de siempre, que yo oigo cómo se van cerrando detrás de la silla que deja un rastro de dos tiras de barro por el impecable suelo de los pasillos del centro. Llegué triste y ellas pensaron que estaba cansado. ¿Qué vais a hacer con las pruebas de la huida?

(Desnudan a Mario para cambiarlo de ropa).

Elisa revuelve cajones y yo la observo indefenso.

De uno de esos cajones salió la carpeta azul.

Hacía años que no la veía. *(Mario empieza a vestirse solo mientras las observa).* Durante mucho tiempo me estuvo acompañando de hospital en hospital. Me traían y me llevaban siempre con esa carpeta azul sobre mis rodillas.

Las chicas por fin han conseguido vestirme (hacen lo que pueden, pobres mías) y la carpeta sigue encima de la cama y llama la atención de Maite, que empieza a ojear los formularios que hay dentro. No sé muy bien qué busca. Y por fin salió el libro, ese libro que ahora tiene Elisa en las manos. Yo lo llevaba en el bolsillo de la chaqueta el día del accidente. Me ha seguido todos estos años.

Elisa: Mira, la custodia de Mario la tiene la fundación. También hay un papel con una dirección y un teléfono. Una tal Clara.

Mario: Escuchar el nombre de Clara fuera de mis pensamientos hace que un escalofrío me recorra el cuerpo.

Maite: ¿Qué vas a hacer?

Elisa: De momento solo grabar este teléfono en mi agenda. Pero creo que tendríamos que llamar.

Maite: ¿Y tú qué sabes? Igual esa persona está hasta muerta.

Elisa: Maite, deberías tener un poco más de cuidado con lo que dices en voz alta. No olvides que Mario está aquí.

Mario: A mí me da igual lo que haya dicho Maite. Yo estoy seguro de que Clara no ha muerto. Clara no puede morir antes que yo.

Maite: Llevas toda la razón. Lo siento, Mario.

Mario: Ya he pensado que no me importa. Solo me importa que Clara no me vea así. No podéis llamarla.

Elisa: Vamos a llamarla.

Maite: No sé si es buena idea. Ni siquiera sabemos qué relación hay entre ellos. A lo mejor él no quiere verla.

Elisa: Mario, fija la atención. Necesito que me digas sí o no. ¿Te gustaría que llamáramos a Clara?

Mario: Me lo ha preguntado y espera mi respuesta mirándome fijamente a los ojos, con esa mirada limpia que tiene Elisa. Tan limpia que es capaz de reflejar mi imagen en su pupila. Me he visto doblado, incapaz en esta postura imposible en esta puta silla de ruedas. ¿Que si quiero que Clara me vea así?

Elisa: Está llorando.

Maite: No, ha movido la pupila.

Elisa: Ostras. ¿Eso qué significa?

Maite: Ni idea, pero ahora me siento fatal. Pobre Mario. Hagamos algo. Vamos a leerle su libro.

Elisa: Vale. *(Lee). Vi las mejores mentes de mi generación destruidas por la locura, hambrientas, histéricas, desnudas...*

Mario: Va pronunciando Elisa y yo pienso en todas las veces que he leído ese mismo arranque. *(Elisa y Maite atienden a lo que cuenta Mario).* La primera fue una lectura en grupo, éramos cinco o seis veinteañeros con muchas ganas de vivir. Nos pasábamos ese mismo ejemplar cada dos páginas, como más o menos estáis haciendo ahora vosotras. Recuerdo que nos juntábamos en un club clandestino, de esos que tanto se llevaban en Madrid. Formamos un taller literario donde bebíamos, fumábamos y nos drogábamos. Aquel día Clara leyó las dos primeras páginas. Sobre la mesa había una botella de ron y otra de *whisky*. Leer a Ginsberg era una fiesta. Pero no puedo evitar que, a la vez, me asalte el recuerdo de la última vez que tuve ese libro entre mis manos y todo se me revuelve por dentro.

Aquella última vez fue en la isla. Ya hacía mucho que había huido y en esos días sentí la necesidad de escribirle a Clara. Le escribí una carta larga, tanto como nunca antes le había escrito a nadie. Le contaba toda mi verdad, pero, sobre todo, le pedía perdón por haber desaparecido como lo hice. Una vez cerrado el sobre con mucha pompa tuve que conducir más de quince quilómetros para poder echar aquella carta en el único buzón de la zona.

(Salen Elisa y Maite. Ya solo hay silencio y la voz de Mario).

Yo llevaba apuntada la dirección que Clara y yo habíamos compartido en un papel, dentro de ese libro. Y el libro, a su vez, en mi chaqueta. Ese papel tan importante para mí siempre estuvo como marcapáginas de *Aullido*. Lo escribió ella cuando nos conocimos, antes de enamorarnos e irnos a vivir juntos a ese mismo hogar. Qué raro me suena llamarlo ahora hogar, como ir negando una y otra vez que alguna vez tuve algo parecido a un hogar. De ese papel yo me sabía de memoria hasta las curvas de cada letra. Aquel papel estaba escrito por ti, Clara, fue tu mano la que garabateó aquello un día, la dirección de la casa familiar en la que siempre habías vivido. Me la diste recién nos conocimos porque yo iba a recoger unos libros que ya no querías. Yo tampoco los quería, pero me era imposible no acercarme a ti, saber cómo vivías, descubrir cómo eras, crear un vínculo entre nosotros. Después me lo quedé como talismán o recuerdo, qué más da.

Pude no haber llevado nada el día del accidente. Pero metí el libro en la chaqueta, y dentro del libro estaba tu letra en el papel, como si ambas cosas fueran imprescindibles para hacer llegar la carta.

Y aquí estamos, tantos años después. Libro, papel, Mario. Me he preguntado infinitas veces si te llegó mi carta, Clara.

Luego vino la catástrofe y después de un tiempo dejé de pensar en ello. ¿Para qué iba a necesitar escribir ahora?

Recuerdo muy bien la última vez que escribí. Fue esa carta. La carta para Clara. Todos esos folios de ficciones ligeramente basadas en mi vida real. O lo contrario, no sabría decir. Cómo yo creía que a ella le gustaba que los demás escribiéramos. En realidad solo ella podría haber entendido esa carta. Ni siquiera sé si le llegó. Me fascinaba la idea de estar presente cuando la abriera, ver su cara al leerla por primera vez. Como a través de una mirilla, ir reconociendo las partes reales de entre todo lo ficticio, verte maldecir a ratos. Hacer el amago de corregirme una coma o la construcción de una frase demasiado complicada pudiendo ser así de sencilla. ¿Ves? Qué placer hubiera sido conversar luego sobre los problemas de lo escrito, como hacíamos tantas veces cuando éramos jóvenes. Por qué algunas estructuras son inútiles y no resuelven nada, más bien lo complican. Sobre todo si el ritmo se hace aburrido, monótono. Abrir melones y no olvidar cerrarlos. Dar información útil. Qué grandes momentos tuvimos repartidos en tantas horas, yendo de la vanidad a lo profundo como quien chasquea los dedos. Como cuando éramos jóvenes y yo tenía cuerpo.

(Hay un silencio reflexivo. Sale Clara, que, por primera vez, mira a Mario).

Escena 6

A TOMAR POR CULO EL MUNDO

El actor escucha su propia carta leída por Clara.

Clara: Y ocurrió lo del incendio. Todo arrasado. Solo nos quedamos los fantasmas y yo. Nunca te había hablado de todo esto, ¿verdad? Tú conoces mis otros yoes, el adulto, el mezquino, el de la supuesta doble vida. Cuando nos conocimos éramos tan inocentes que no tuve pudor en enseñarte una de mis existencias paralelas, y solo con eso tú ya te sentiste confusa, perdida, como un no saber muy bien qué hacer conmigo. Bienvenida a mi otro mundo, te dije. Y tú preferiste no dar la vuelta. Quisiste ver. Indagaste en algunas de mis heridas y eso nos unió de una forma antinatural, casi diría. No sé si te dabas cuenta, pero en ese tiempo todo era un darme de cabezazos contra muros para encajar en un mundo para el que no había nacido, intentando convertirme en esa persona ideal que paga sus facturas, el viejo mito del hazte a ti mismo, trabaja duro y conseguirás sentirte realizado. Pero nuestro mundo no era el mío, nunca llegó a serlo a pesar de aquello que se dice tanto: Miente el tiempo necesario y esa mentira se convertirá en una verdad. Eso es una gran mentira. No hay ascensores sociales si naciste en el sótano. Lo nuestro fue mi último acto de fe. Montamos una vida y te juro que pensé durante un tiempo que iba a ser posible, que tú y yo podíamos representar hasta el infinito aquellos personajes que eran una pareja perfecta, que no importaba desde dónde venía cada uno. Te prometo que lo intenté, Clarita mía. Aquí es donde he querido llegar durante estas páginas llenas de recuerdos. Yo, al principio, no quise desaparecer. Pero me fue pasando. No me alejaba, desaparecía. Me esfumaba. Tú pensabas que yo seguía ahí. Nada de eso. Pasé días en una soledad acompañada, andando invisible entre las personas de aquella ciudad, decidiendo si era el momento oportuno para irme, abandonarlo todo. Abandonarte a ti. Pero aguanté como si hubiera estado escrito de antemano, los planes hechos, cerrados. Qué impresión la del destino.

Mario: Sí. Transparente. Translúcido. No invisible, de momento, eso fue después. Invisible me volví cuando fui tan cruel que me largué y tuve la indecencia de dejar aquella nota en nuestro piso para que la leyeras al volver del trabajo, mis cuatro cosas ya fuera de la casa. «Te quiero y sé que no vas a entender esto que hago. A tomar por culo el mundo», terminaba diciendo. Y eché a andar.

Clara: Se me daba bien andar. No lo recordaba. Andar era una constante en mi infancia. De pueblo en pueblo o por las calles de las ciudades donde estaban situados los centros de menores de los que me escapaba metódicamente. Andar sin dirección. Correr si te persiguen. Todo eso creía haberlo olvidado. Pienso que esta facultad la debo traer en la sangre. Cosas de no saber mucho de tu familia. Salió cuando se hizo imprescindible para sobrevivir.

Mario: ¿Recuerdas la última noche que tú y yo nos vimos? Esa noche estuve más presente que nunca, te observaba con atención, me quedaba con cada gesto. Me gustaba tanto oírte hablar. Te besé e intenté retener tu olor como un recuerdo inamovible. Yo esa noche te abracé como se abraza cuando sabes que va a pasar mucho tiempo antes de que volvamos a vernos. Quizás nunca.

Clara: Querida Clara, lo único que sé es la importancia que has tenido en mi vida, y quería, en una carta que me ha llevado demasiado tiempo escribir, pedirte perdón por desaparecer como lo hice. Te querré siempre, Mario.

(Clara llora. Sale).

Escena 7

(TRÉMOLO)

Mario: Dejé aquella carta en un buzón de madrugada, como si estuviera cometiendo un hecho delictivo. Siempre pensé que iría a buscar un día a Clara y darle esos folios, preguntarle qué tal le había ido la vida. Pero la eché en un buzón como quien lanza una botella con un mensaje al mar.

Un mar dentro de un buzón, que es una isla dentro de otra isla. ¿Llegaría a su destino?

La carta entró por la ranura del buzón y la perdí de vista. Ya no había nada más que plantearse. Hizo un ruido tan leve que no duró ni un suspiro y yo volví sobre mis pasos hasta el coche. Estuve unos minutos quieto, tocando las llaves en el bolsillo de mi chaqueta. Mirando la nada en la noche.

Arranqué.

Mallorca está llena de carreteras sinuosas.

La noche se iba comiendo los haces de luz de los faros del coche.

Yo pensaba en Clara, pensaba en cómo me fui un día, lo abandoné todo y a todos sin decir absolutamente nada.

Sentí rabia. Sentí mucha rabia por todo lo que perdí con la excusa de intentar protegerla de mí. Fue tanta la rabia y me consumió tanto que todo perdió su razón de ser y entonces me pareció encontrar la mejor solución, la manera sencilla de acabar con toda la angustia y el sufrimiento que me consumían.

Aceleré. Pisé hasta el fondo el pedal.

La noche le ganó la batalla a los focos de mi coche. Todo fue un fundido muy lento hacia un negro absoluto, como si ya no importara nada. Acabar con todo acabando con uno mismo. Maldita impresión la del destino.

Escena 8

LA SILLA

Mario: Éramos jóvenes y yo tenía cuerpo. Pero esto fue antes. Ahora las cosas tienen otro tempo mucho más impreciso. *(Mario se mete en la cama. Está cada vez más febril).*

La parte que controlo. La parte que controlo. La parte de mí que yo controlo. La parte de mí que yo controlo. Flotar en un espacio neutro. No sentir el peso. Dejar que te lleve esta fuerza. La parte que controlo es esta. La parte de mí que controlo es esta. Este es todo mi control.

(Entran Elisa y Maite. Una se sitúa junto a la cama. La otra busca en la radio una emisora apropiada).

Mario: Los recuerdos del «accidente» son hoy en día poco más que una anécdota, un mal chiste del que no recuerdas el final, una historia que pudo haber sucedido en otra vida, una pasada (evidentemente), porque durante esta ya no hay nada, solo silencio y abstracción. Sí, un nocturno de Chopin es correcto. Esa es la emisora. Algunos esnobs dirán que es un aburrimiento por básico. Para mí Chopin es sencillez. Las cosas importantes son sencillas. Nacer es sencillo. Querer carece de complejidad. La muerte tiene que ser simple. Sencilla y abstracta. La libertad de tu propio peso que por fin se suelta, se libra de las ataduras. El vacío es la perfección, la forma correcta de entender mi control sobre esta parte que me pertenece, este pensamiento mío que va rápido, claras las palabras a pesar de lo complicadas que puedan ser las estructuras. Su oscuridad y su luz son bellezas iguales. Yo les digo a las chicas todo esto pero ellas se miran confusas, no se esperaban el discursito, no saben de qué les estoy hablando. Sigue sonando el simple de Chopin. Elisa me toca la frente.

Elisa: Vuelve a tener fiebre.

Maite: Muy poca. Parece que mejora.

Elisa: Mi madre, de pequeña, me ponía paños mojados en la frente.

Maite: Parece que se duerme. Apaga la radio, Elisa.

Elisa: Déjala un poco más. Sé que a él le gusta. ¿Crees que nos dejarán venir más ahora que está mejor?

Maite: Yo qué sé.

Elisa: Nos echan la culpa.

Maite: La culpa de qué.

Elisa: De lo que le pasa a Mario.

Maite: A mí nadie me ha dicho nada. Y a ti tampoco.

Elisa: Lo noto en cómo nos miran. Además, han cancelado el programa de visitas.

Maite: Tía, Mario está superchungo. Claro que han cancelado su programa.

Elisa: Es culpa nuestra, Maite.

Maite: ¿Sabes qué? Pues que no me arrepiento. A eso se le llama vivir. Recuerda la cara de felicidad que tenía. Además, que se va a poner bien. Esto es solo un resfriado. Apaga la radio, anda. *(Oculta su rostro con ambas manos. Tampoco Maite puede ya ocultar su tristeza).*

Mario: Elisa se levanta discreta, baja el volumen del aparato hasta que es inaudible y luego hace clic y ya está, ya no suena Chopin ni nada, solo la media voz de Elisa y Maite de vez en cuando. Me pierdo parte de la conversación, mi duermevela filtra lo que cree necesario, atiende a palabras claves y las mezcla con mi pensamiento, que cambia los significantes con eficacia y los convierte en imágenes. Fiebre, por ejemplo, se convierte en gasolina. Floto en fiebre líquida. Enfermera es madre. La que no conocí pero ahora me agarra la mano sentada en una incómoda silla toda la noche. Mi madre con sus manos duras por el trabajo, agrietadas, con un olor a... Con olor a madre. Mi cuerpo es fuego que prende rápido, mis manos son una vela que dejo caer hasta el suelo, y todo arde a mi alrededor, todo arde menos yo mismo. Permanezco mientras se suceden los gritos y mi cuerpo es un fuego que arde flotando en mitad de la fiebre líquida. Ambulancia es una ciudad, es Madrid y sus sirenas y sus luces; y entonces escribía, mis dedos son letras impresas con la velocidad del tiempo en una pantalla. Leer el periódico en pijama mientras tomo café. Hay caras que me resultan familiares. Y siguen los gritos de mis víctimas en aquel incendio. Y el olor a gasolina que exhala mi cuerpo con todo prendido y todos mis recuerdos volviendo a la vez. Y entonces en mitad del caos suena alto, atronador, un nombre, y yo digo: «¡Basta!». Clara. Todo se centra y yo estoy despierto, creo. Tengo los ojos muy abiertos para que quede fuera de toda duda mi mensaje. *(Elisa y Maite se aferran con todas sus fuerzas al cuerpo de Mario, que intenta levantarse).* ¡Que venga Clara! Por fin todo está en su sitio, ya no bailan los muebles y yo quiero ver a Clara. Llevo negándolo tantos años y ahora que todo se precipita necesito ver a Clara. *(Elisa y Maite intentan inmovilizar a Mario con violencia).* Necesito que me entiendas, Elisa. Por favor, que venga Clara. Me introduzco en la profundidad de su mirada. Elisa, mírame a los ojos. Clara. ¿Dónde está Clara? *(Por fin Mario deja de luchar. Ambas salen dejando a Mario tumbado en la cama).* La silla. Mi silla. Si consiguiera alcanzarla podría sentarme en ella e ir donde me diera la gana. El cuerpo nunca responde. Necesito mi silla. Quizás, si hago el último esfuerzo y consigo que por fin mi cuerpo no importe... Ya no duele nada, salvo la soledad. *(Entra Clara).* ¿Verdad, compañera? Ya no nos duele nada. *(Clara se tumba junto a Mario).* Ya no dolerá nada nunca.

(Suena el simple de Chopin, Nocturne Op. 9 no. 2).

Clara abraza a Mario con mucho amor. Permanecen así unos instantes. Todo es calma.

Mario se deshace del abrazo con suavidad y, despacio, recoge todos sus enseres como pretendiendo no hacer ruido.

Hace la cama y apaga la radio. Clara llora sin aspavientos en la cama. Él carga todo en la silla de ruedas y sale sin mirar atrás.

Ahora Clara está sola. Se pone en pie y recupera la compostura.

Escena 9

CLARA

En realidad, Clara acaba de terminar de leer la carta de Mario. Entra la Enfermera 1 para limpiar y preparar la habitación. Los pocos objetos que quedan del fallecido se resumen en una maleta y una caja pequeña.

Enfermera 1: Uy, no sabía que había alguien. Buenos días. ¿Por qué usuario preguntaba?

Clara: Buenos días. En realidad venía a recoger las pertenencias de Mario.

Enfermera 1: Ah.

Clara: Espero que no le moleste que siga en la habitación un rato más.

(Enfermera 1 guarda silencio un momento, rumiando quizás qué debería decir a continuación sin meter la pata).

Enfermera 1: Supongo que ya sabe...

Clara: Sí, ya he hablado con Dirección.

Enfermera 1: Bueno, ya ve que no hay mucho que cargar. Esa maleta con algo de ropa y aquella caja con papeles.

Normalmente estas cosas las llevaría la jefa de planta, pero ahora mismo ese puesto está por cubrir. Ha habido mucho lío por aquí últimamente y por eso supongo que no se le avisó a tiempo.

Clara: Gracias.

Enfermera 1: Siento mucho la pérdida. No sabía que Mario tenía familiares.

Clara: En realidad no somos familia. Somos... Fuimos amigos en nuestra juventud.

Enfermera 1: Pobre hombre.

Clara: Sí, pobre.

Enfermera 1: Aquí lo queríamos mucho. Era nuestro usuario preferido. Lo teníamos en palmitas. Limpio y bien cuidado, sí señora. Estaba mejor que quería. Si hubiéramos sabido que había una persona de contacto la hubiéramos avisado con más antelación. Lo siento.

Clara: En realidad no tenían mi teléfono. Nunca estuve como persona de contacto.

Enfermera 1: Ah.

Clara: ¿Le importaría si me quedo sola un rato más en la habitación?

Enfermera 1: Claro que no, yo recojo estas cuatro cositas que me quedaban por aquí y ya la dejo tranquila.

Clara: Gracias.

Enfermera 1 hace un gurruño con las sábanas y sale de la habitación. Clara recoge la pequeña caja y la apoya en la cama desnuda. Saca algunas pertenencias inconexas. Fragmentos aleatorios como un resumen de la vida de Mario. La radio, algunos expedientes médicos y, por fin, el libro de Ginsberg. Por un momento Clara se viene abajo. Deja el resto de las pertenencias sobre la cama y avanza hacia el proscenio. Ahora el público es Mario en la mente de Clara, un Mario ya ausente del todo.

Clara: Eres un hijo de puta y ahora estás muerto y yo no puedo gritarte ni decirte ni contarte. Ni siquiera me has dado otra oportunidad de llegar a tiempo. Todos estos años preguntándome qué había pasado, qué fue lo que te hice, tan malo fue lo nuestro como para abandonarlo todo, para abandonarme a mí sin ninguna explicación.

No tienes ni idea de cuántos días anduve preguntándome el porqué. Cuánto odio he sentido hacia ti, Mario. Tanto que nunca quise leer tu carta antes de hoy. Quiero que sepas que ha permanecido años cerrada en el fondo del cajón más oscuro que nunca haya existido. Me prohibí pensar en ti. ¿Qué creías que iba a pasar? ¿Pensabas que iba a salir corriendo a buscarte por toda Mallorca? Menuda pesadilla fueron aquellos primeros días, en *shock* porque no era capaz de tomar conciencia de que no ibas a volver nunca. Lloraba pendiente del teléfono, revisando cada minuto por si había una llamada perdida o un mensaje, a lo mejor tú al otro lado de una llamada telefónica diciéndome que yo nunca tuve la culpa, reconociéndome simplemente que eras un cobarde. Lo peor de todo fue cuando caí en la cuenta de que nunca me invitaste a dar juntos aquella patada a todo lo que habíamos construido. *A tomar por culo el mundo.* Si me lo hubieras pedido en aquel momento quién sabe qué hubiera contestado. A lo mejor yo también quería irme contigo al fin del mundo, deshacer de un manotazo todo lo que fue mi vida, nuestra vida. Fuiste un hijo de puta y no sé si ni siquiera ahora, que han pasado millones de años y tú estás muerto... ni siquiera ahora sé si soy capaz de perdonarte.

Cuando me abandonaste se derrumbó mi mundo. Claro que después rehíce mi vida. ¿O acaso te creías tan importante como para pensar que no podía haber vida después de Mario? Soy feliz, comparto mi día a día con un hombre maravilloso que nunca ha permitido que me sienta sola. Tengo dos hijos increíbles y un buen trabajo. Cabrón, cómo te quise. Por ti me enfrenté a mi familia y a mis amigos. Yo te di toda la credibilidad del mundo. Cuando te conocí te comía el hambre por los pies y juntos llegamos a crear un simulacro de vida, quizás no una convivencia perfecta, pero una vida al fin y al cabo. Más de lo que tú tuviste nunca. Era nuestra vida, Mario. No lo que has tenido después, pobre desgraciado. Ojalá hubieras tenido los arrestos suficientes para sentarte frente a mí diciéndomelo a la cara.

Hoy he decidido que no voy a perdonarte, lo siento. Ni por mil cartas tuyas que me hubieran llegado te habría perdonado. Fíjate bien, no te voy a perdonar ni ahora que sé cuál ha sido tu historia y que ya no estás. Ni siquiera ahora que sé que de ti no va a quedar ni la memoria de lo que un día fuiste. No va a quedar nada, Mario. Voy a salir por esa puerta y vas a ser la exhalación última que deja un recuerdo cuando abandona una mente. Lo siento, así va a ser.

Cómo me hubiera gustado que me dijeras *Vámonos juntos*. Y también me hubiera gustado saber que eras un vegetal en una silla, saber que te rompiste un día en mil pedazos y que te quedaste tan solo en el mundo. Ni la peor persona se merece lo que te pasó a ti. Me gustaría que supieras que, aun con todo eso que te pasó, yo hubiera estado a tu lado. Me has robado la oportunidad de sentarme a tu lado en la residencia, ambos en un absoluto silencio, odiándote callada. Me has quitado la oportunidad de mostrarte mi rencor al ir a visitarte de vez en cuando. Me has dejado sin la opción de compartir contigo mi vida y de contarte las cosas que me iban pasando durante todos estos años.

Cuando Elisa y Maite me llamaron yo no era casi capaz de recordar ya tu nombre. Nunca he conservado nada nuestro más allá de esa carta cerrada. Ni una fotografía, mira lo que te digo. Las chicas me llamaron en el último instante y ni siquiera así me diste la oportunidad de llegar a tiempo. No he podido ni llorarle a un cadáver. Vine rápida, todo lo rápida que pude, a pesar de mi rencor y de mi odio y de todos estos años negándote. Vine corriendo, dejándolo todo de un minuto al siguiente. Y tampoco eso ha servido de nada. Aunque ahora sí, por fin, puedo decirte para siempre: Adiós, Mario.

Se incorpora. Introduce su carta y el libro junto al resto de enseres de Mario dentro de la caja, la cierra y sale sin llevarse nada, solo apagando la luz de la habitación y provocando un

(oscuro final).

Índice

Este libro se terminó de editar en Granada
en diciembre de 2024 por

Aliarediciones

www.aliarediciones.es

info@aliarediciones.es